EDITION ANTHRAZIT
IM DEUTSCHEN LYRIK VERLAG
DLV

Zum Autor

Berthold Redlich, geb. 1931, entstammt einer deutschen Schauspielerfamilie, die sich 1933 in Holland niederließ. Kindheit und erste Schuljahre in Apeldoorn. 1939 zweite Emigration, neues Domizil wird Olten/Schweiz. Weitere Grundschuljahre, dann Gymnasium. Vorerst Mitarbeit im väterlichen Schultheater. Hernach Tätigkeiten im Handel, in der Reisebranche und als Abteilungsleiter in einem bekannten Basler Modehaus. Mit 49 Jahren Umstieg zum freiberuflichen Hausdichter und nichtkirchlichen Trauerredner. Publikation von Prosatexten und Gedichten.

Berthold Redlich

Redlichs Limericks

edition anthrazit
im deutschen lyrik verlag

Der Limerick ist ein ursprünglich in England entstandenes fünfzeiliges Kurzgedicht grotesk-ironischen Inhalts; hierbei reimen sich die Zeilen 1, 2 und 5 sowie 3 und 4 kunstvoll aufeinander. Als eigentlicher »Erfinder« des Limerick gilt der Maler und Dichter Edward Lear (1812–1888), der auch Königin Viktoria im Zeichnen unterrichtete.

Es lebte ein Herr in Samnaun,
Der aß mit Freude Kapaun;
Doch eines Tages, verflixt,
Da ist er beinah' erstixt –
Er hatte vergessen zu kau'n!

Da war ein Gast in Zermatt,
Der hatte das Matterhorn satt;
Er schnitt mit Geflitze
Ab dessen Spitze
Und kam vor den Kadi glatt!

O weh, eine Dame aus Polen
Tat eine Bronchitis sich holen;
Sie ging zum Arzt, der empfahl:
Vanillepudding mit Aal,
Serviert auf glühenden Kohlen!

Ein Bauer erstand sich ein Handy
Und fühlte sich nun wie ein Dandy;
Seine einfache Frau, die Lore,
Er kraulte sie jetzt am Ohre,
Und täglich gab's einen Brandy!

Inmitten von St. Gallen,
Da ließ ein Pferd was fallen;
Ein Vöglein flog zur Mahlzeit bald,
Denn Winter war's und schaurig kalt,
Hei, ofenfrische Ballen!

Ein jüngerer Mann in Füssen,
Der frönte gerne dem Küssen;
Doch dann, vertrackt, in der Laube,
Da pflückte er 'ne Traube:
Nun ward das Küssen zum Müssen!

Es hatte ein Raucher in Laufen
Zunehmend Müh' mit dem Schnaufen;
Man riet im Spital,
Er solle zumal
Sich einen Blasebalg kaufen!

Im Walde fand ein junger Igel
'nen unversehrten Schokoriegel;
Er begann zu futtern,
Es war wie bei Muttern:
Ein Schlemmermahl mit Gütesiegel!

Da war ein Mann aus Gummersbach,
Der hatte Liebeskummer, ach!
Zum Bahndamm er rannte,
Doch dort er erkannte:
»Die Eisenbahn ist nicht mein Fach!«

Ein Edelmann aus Bitterfeld
Entpuppte sich als Zitterheld;
Vor der Schlacht
Verschwand er sacht
Und still in seinem Ritterzelt!

Kühn schmuggelte einmal ein Bäcker
Ins Brot einen rostigen Wecker;
Ein Kunde im Laden
Bezog diesen Fladen
Und fand ihn bekömmlich-lecker!

Dem Bräutigam hat sie geschworen:
»Ich habe noch nichts verloren!«
Sie hatte – *er* war ein Naiver
Mit runterhängendem Kiefer –
Es faustdick hinter den Ohren!

Ein Knote, stammend aus Nizza,
Aß unmanierlich 'ne Pizza;
Er schob sich das Rund
Auf einmal in'n Mund
Und trieb's so auf die Spitza!

Flugs reiste ein Pilger nach Rom,
Um zu weilen im Petersdom;
Da traf er, o jauchzet vor Freude,
Im himmlischen Erdengebäude
Seinen längst verstorbenen Ohm!

Ein Arbeitsloser, leicht betagt,
Hat auf dem Amte sich beklagt:
»Ich wäre gern ein Schufti,
Jetzt lebe ich als Grufti
Und bin mental komplett verzagt!«

Tief unten lag einer im Sarg
    Und dachte: »So ein Quark,
's Heizkissen mir jetzt fehlet,
Die Kälte arg mich quälet,
Ich friere bis ins Mark!«

'S war irgendwo im Altersheim,
    Da gab es dauernd Haferschleim:
Manch Insasse tobte –
Die Leitung gelobte
Zu füttern künftig Honigseim …!

Ein Lehrer gab zu vor der Klasse,
Wie sehr er den Unterricht hasse;
Da ward er am Kragen
Gepackt und erschlagen
Von der wütenden Schülermasse!

Dunkel war's, der Mond schien helle,
Als begann die Sauftour-Welle:
Junge tranken literweise,
Jeder hatte eine Meise,
Sprich 'nen Knacks auf alle Fälle!

Einst erklärte ein Held in Troja:
»Ich werd' Vegetarier, o ja.«
Ab nun er verzichte
Auf Fleischesgerichte
Und nähre sich nur noch von Soja!

Aus Hongkong fuhr per Dschunke
Ein krimineller Halunke;
Sein Bauch, der voll,
Fast überquoll
Vor Rattenfilet in Tunke!

Im Zoo war einmal ein Affe
Verliebt in eine Giraffe;
Doch ihr Herz blieb öde,
Sie zeigte sich spröde
Und bleckte die Zähne als Waffe!

Eine ältere Dame in Tel Aviv,
Die glaubte im Bette, sie liege schief;
Ein Handwerker kam
Und erkannte mit Gram,
Dass sie im Waschtrog schlief!

Stolz trug ein Schotte 'nen Kilt,
Das machte die Frauen ganz wild;
Sie fragten sich munter:
»Was trägt der darunter?«,
Und wünschten zu sein im Bild!

In Frankreich wurden damals geköpft
Die, welche andre böse geschröpft;
Das Fallbeil dampfte,
Der Henker krampfte
Und war am Ende völlig erschöpft!

Einst war ein Fräulein in Olten,
Das galt als unbescholten;
Dann aber kam raus, Mensch Meier,
Es hatte hundert Freier,
Die alle dasselbe wollten!

Es gab 'nen Professor in Oberhausen,
Der litt des öftern an Ohrensausen;
Doch er brachte es weg
Und kam richtig vom Fleck
Durch häuf'ges gedörrte Bohnen Schmausen!

Zu München, nah' am Isarstrand,
Man kürzlich eine Mumie fand;
Die Presse tat kund,
Es käme der Fund
Mit Sicherheit aus Swasiland!

Flink läuft weg 'ne kesse Sie
Aus der städtschen Psychiatrie;
Anstatt zu fluchen
Heißt es nun suchen –
Oder betend beugen 's Knie!

Es meinte zum Käse die Butter:
»Gemeinsam ist uns die Mutter«,
Ergänzend mit Geknister:
»Wir sind tatsächlich Geschwister
Auf dem Milchproduktekutter!«

'Nem Filmstar war's ums Herze leicht,
Er hatte den fünften Oscar erreicht;
Er spielte in Streifen,
Wo Lenzwinde pfeifen
Und 's Böse stets der Liebe weicht!

Wüst stritten sich zwei Juden
In Frankfurt mit einem Luden;
Der brüllte sie an,
Sie hätten, o Mann,
Keine Ahnung von Blasen und Tu<u>d</u>en!

Ein Küchenchef in Rossitten,
Der zuckerte kräftig die Fritten:
Die Gäste schrien,
Erbleichten und spien –
Sie wurden vom Teufel geritten!

Zu sich sprach ein Philosoph:
Die meisten Leute sind doof!
Ich liebe die Denker,
Hab' Bücher voll Schränker
Und meide die Lust und den Schwof!

Prompt geriet ein Mann ins Theater,
Dort gab's »Der gestiefelte Kater«;
Als ausging das Licht,
Begriff er dies nicht
Und schoss zur Bühne – das tat er!

In Rostock bläst die Grete
Gekonnt-virtuos Trompete;
Viel besser als Männer,
Bestätigen Kenner,
Musikalisch eine Rakete!

Manch' Herren der Politik
Sind lüstern nach Macht und Krieg;
Sie sollen verschwinden,
Im Hades sich finden –
Wir brauchen des Friedens Sieg!

Es hörten zwei Omas in Aarau
Fürs Leben gern »Ännchen von Tharau«;
Sie schluchzten und weinten
Und bebten und meinten:
»Für uns ist der Hardrock auch gar rau!«

In einem Park zu Leverkusen
Sah man ein Pärchen scheinbar schmusen;
Er drückte zu kräftig,
Sie wehrte sich heftig –
Und runter fiel der Gummibusen!

Still irrte umher im Pyjama
　Ein Greis auf dem Fudschijama;
Die Leute staunten
Und guckten – und raunten
Was von 'nem menschlichen Drama!

Ein Paar, verkracht – es kam aus Flieden –,
　Stand an dem Fuß der Pyramiden;
Er sprach verschämt,
Doch nicht verbrämt:
»Wer da ruht, der hat seinen Frieden!«

Da kochte eine Frau in Chikago
Stur jede Suppe mit Sago:
Es tobte ihr Gatte,
Ihm ging's auf die Latte,
Bis er floh übers Meer nach Karthago!

Im Soleheilbad Kuckuckswahn
Fährt man im Kurpark Ruderkahn;
's Gewicht wird vermindert,
Manch' Leiden gelindert
Mit Karamell und Marzipan!

Es fuhr ab Genf per Teescheeweh (TGV)
Eine Barmaid, die aß gern Himbeergelee;
Auf der Fahrt nach Paris
Verzehrte sie dies:
Sie trug es stets bei sich – im Portemonnaie!

Oft hörte 'ne Jungfer in Kassel
Im Keller perfides Gerassel;
Sie schlich sich ans Fenster
Und sah schon Gespenster –
Dabei war's nur eine Assel!

Frech stieg ein nekrophiler Schuft
  Hinunter in die Fürstengruft,
Doch bald hielt er inne,
Ihm schwanden die Sinne,
Denn gar zu stickig war die Luft!

Flott treckend zog um von Venezia
  Ein Veteran nach La Spezia;
»Wie kommt es«, fragten die Leute,
»Dass Sie so fit noch heute?«
Er: »Ich bad' in Gülle – in Lamezia!«

Eine Frau aus Ulan Bator,
Die kaufte sich einen Vibrator;
Sie nannte ihn »Spätzchen«,
»Mein heimliches Schätzchen«,
Und zudem »Kleiner Diktator!«.

'Nem Landstreicher aus Klagenfurt
Seit gestern schon der Magen knurrt;
In seiner Not
Klaut er ein Brot
Und sprintet los im Dauerspurt!

Es fühlte in Köln ein Hündlein
Bald nahen sein letztes Stündlein;
Fest regte sich's auf,
Bevor es ging drauf,
Und nahm ab »last minute« drei Pfündlein!

Ein Künstler – er kam aus Saigon –,
Der wurde zum Skandalon:
Ganz ohn' sich zu zieren
Ging er nackig spazieren,
Empfindend beim Bummel viel Wonn'!

Keck stahl 'ne Novizin im Kloster
Der Mutter Oberin Toaster;
Die fand das Objekt
Im Beichtstuhl versteckt
Und war darob umso erboster!

Auf Noahs Arche fanden
Platz Tiere, die lagen und standen;
Doch all diese Pärchen
Mit Federn, Schuppen, Härchen
Im Legendennebel verschwanden …!

Es machte einer mit achtzig wahr
Sein Hobby – er wurde Modezar;
London, New York, Berlin
Nach diesen Schöpfungen schrien:
Die waren aus Stacheldraht sogar!

Arg weinte ein Mädchen in Staufen:
Sein Freund war weg zum Saufen;
Der saß in der Beiz
Und ließ bereits
Das siebte Glas Bier in sich laufen!

Ein Vater schwärmte: »Wunderbar,
Ich habe gezeugt eine Kinderschar!«
All dies war erfunden
In traumreichen Stunden,
Weil jener Eunuche war!

Da entschloss sich eine Rose
Höchst eilig zur Metamorphose:
Sie wurd' mit viel Krach
Bei mindstens fünf Mach
Zur Brennnessel famose!

Ein Wirt, er kam aus Burgund,
Der stieß sich am Tresen gesund;
Er kaufte sich Land
Am spanischen Strand
Und trieb's dort mit Teenagern bunt!

Es pflegte ein Mägdlein in Bebra
Zu Hause ein leidendes Zebra;
Der Tierarzt stellt' fest
Per Schwangerschaftstest,
Es habe schlimm die Lepra!

Eine schicke Frau in Westerland,
Die war tatsächlich in bester Hand:
Ihr Gatte ohn' List
Als Topalchemist
Die Pille für den Mann erfand!

Im Bergfried ertönte ein Heulen
Wie von Schakalen und Eulen:
Tief unten, an der Kette,
Gab's immer noch Skelette,
Die stöhnten beim Verfäulen!

Ein Student aus Reit im Winkl
Las gern Bücher über Schinkel:
Gebildet er war,
Zahlt' niemals in bar
Und gab sich als vornehmer Pinkel!

Da verschwanden aus Gärten in Osterburken
Dauernd Tomaten, Radieschen und Gurken;
Die Polizei suchte Stunden
Mit bissigen Hunden
Und stellte sie endlich, die Rohkostschurken!

Es lag ein Schiff in Southampton,
Auf dem die Matrosen sich kämmten;
Der Landgang war teuer,
's ging drauf ihre Heuer,
Je mehr sie sich dabei enthemmten!

Erst neulich geschah es im Oberland,
Dass gentechnisch man eine »Schage« erfand:
Halb Schaf, halb Ziege,
Den Forschern zum Siege –
Nur hing am Steiß eine winkende Hand!

Leis' schlich sich ein Mann ins Bordell,
Dort war's eher schummrig als hell;
Schon gleich, beim Bezahlen,
Erlitt er Qualen
Und lief aus dem Freudenhaus schnell!

(Ohne was gehabt zu haben,
sah man ihn vondannen traben!)

Ein Seeelefant ward in Frieden
Von einer Muschel geschieden;
In beiderseit'gem Sinne
War's eine Scheidung in Minne –
Just an des Märzes Iden!

Aufs Riesenrad im Wiener Prater
　Hat sich gesetzt ein güt'ger Pater;
Doch Ehrwürden, nein,
Fing Drehschwindel ein –
Noch nach Stunden leiden tat er!

Jüngst stürzte sich aus Biberstein
　Ein junger Mann in den Tiber rein;
Die Feuerwehr kam
Und raus ihn nahm:
Es brachte ihm Buße und Fieber ein!

Arg klagt' eine Frau, dass ihr »Männe«
Die eh'liche Pflicht nicht mehr kenne;
Doch geh' es um Flittchen
Mit loseren Sittchen,
Dann gäb' es bei ihm ein Gerenne!

Eine Grapefruit und eine Mango
Umschlangen sich wild beim Tango –
Sie waren schon älter
Im Schalenbehälter;
Ihr Ziel: Verjüngung durch Fango!

Im Restaurant bestellte ein Paar:
»Zweimal Bouillon, darinnen ein Haar!«
Der Kellner brachte, sofort fürwahr,
Zweimal Bouillon, je drinnen ein Haar,
Das war getönt und gestylt sogar!

Ein Sportler wollt' auf gestreckten Zeh'n
Von Amsterdam nach Piräus gehn;
Nur: die Kräfte schwanden
Und kamen abhanden,
So gab er auf – 's war kurz vor Athen!

Viel Leute zur Hochzeit kamen,
Die stattfand in glanzvollem Rahmen;
Sacht wurde gekichert,
Man war verunsichert,
Denn 's Brautpaar bestand aus zwei Damen!

Ein Leutnant galt, welch' Renner,
Als großer Frauenkenner;
Doch weil er etwas schunkelte
Beim Gehen, mancher munkelte,
Er steh' wohl mehr auf Männer!

In 'nem Hotel zu Bad Gastein
Trifft nobel ein Betrüger ein;
Er denkt nicht ans Blechen,
Dafür sehr ans Zechen:
Champagner her und Spitzenwein!

Es war ein adliges Fräulein in Münster,
Das kaufte sich einen Gemüsedünster;
Doch schon bald blieb, o Schreck,
Dessen Boden weg –
Da blickte das adlige Fräulein fünster!

Ein Teppichhändler zu Istanbul,
Der nahm heraus sein Gebiss ganz cool
Und rief gelassen zu einigen:
»Ich muss die Harke reinigen,
Die ich geklaut in Liverpool!«

Da war ein Metzger aus Alicante,
Der schlachtete Schwester, Schwager und Tante;
Er verpackte in Eile
Die einzelnen Teile
Als Überraschung für Verwandte!

Zum Freunde spricht das Schatzi:
»Dir send' ich Paparazzi!
Wenn du mich betrügen,
Wenn du mich belügen,
Ich dir die Augen auskratzi!«

Fein flog ein Fräulein Jovianka
Von Leipzig nach Casablanca;
Es saß, wie famos,
Auf'm Käpten sein' Schoß
Und ward mitnichten luftkranka!

Ein leicht verwirrter Hähnchenbrater
Erzählte zögernd dem Psychiater:
»Ich muss es Ihnen einfach sagen,
Kassandra hat mich ausgetragen,
Und Albrecht Dürer war mein Vater!«

Einst lebte ein Pärchen im Paradies,
Das es auf höhern Befehl dann verließ;
Schuld war die Schlange
An diesem Abgange –
Die Folge: Uns geht es noch heute mies!

Epilog

Ihr laset diese Limericks,
Ihr prüftet sie geübten Blicks;
Und seid Ihr jetzt böse,
Gereizt und nervöse,
Schnell fort mit dem Buche – null Komma nix!

Der Deutsche Lyrik Verlag ist ein Imprint-Verlag
der Karin Fischer Verlag GmbH, Aachen.

Besuchen Sie uns im Internet:
www.deutscher-lyrik-verlag.de
www.karin-fischer-verlag.de

*Bibliografische Information
der Deutschen Nationalbibliothek*
Die Deutsche Nationalbibliothek verzeichnet
diese Publikation in der Deutschen Nationalbibliografie;
detaillierte bibliografische Daten sind im Internet über
http://dnb.d-nb.de abrufbar.

*Bibliographic information published
by the Deutsche Nationalbibliothek*
The Deutsche Nationalbibliothek lists
this publication in the Deutsche Nationalbibliografie;
detailed bibliographic data is available in the Internet at
http://dnb.d-nb.de.

Originalausgabe · 1. Auflage 2008
© 2008 Berthold Redlich
© 2008 für diese Ausgabe Karin Fischer Verlag GmbH Aachen
Postfach 102132 · D-52021 Aachen
Alle Rechte vorbehalten

Gesamtgestaltung: yen-ka
Covergestaltung unter Verwendung eines Bildes
aus dem Archiv des Autors

Printed in Germany

ISBN 978-3-89514-791-3